Colúmpiate

Adaptación de letras
Enrique Sierra y Pilar Román

Arreglos musicales
Enrique Sierra

Ilustraciones
Rut Massó

EllagoEdiciones

A Román, que nos dio la idea.
A la familia y los amigos, que nos ayudaron.
A Diana, Coque, Dylan y Edu, que lo bailarán.
A todos los que son niños.

El barquito chiquitito

Había una vez un barquito chiquitito,
había una vez un barquito chiquitito,
que no sabía, que no sabía,
que no sabía navegar.

Pasaron un, dos, tres,
cuatro, cinco, seis semanas,
pasaron un, dos, tres,
cuatro, cinco, seis semanas
y aquel barquito y aquel barquito
y aquel barquito navegó.

Y si esta historia parece corta,
volveremos, volveremos a empezar.

Había una vez un barquito chiquitito,
había una vez un barquito chiquitito,
que no sabía, que no sabía,
que no sabía navegar.

Pasaron un, dos, tres,
cuatro, cinco, seis semanas,
pasaron un, dos, tres,
cuatro, cinco, seis semanas
y aquel barquito y aquel barquito
y aquel barquito navegó.

Y si esta historia parece corta,
volveremos, volveremos a empezar.

La Chata Merengüela

La Chata Merengüela,
la Chata Merengüela,
la Chata Merengüela,
Chata Merengüela,
Chata Merengüela,
Chata Merengüela.

La Chata Merengüela, güi, güi, güi,
como es tan fina, trico, trico, trico,
como es tan fina, lairón, lairón,
lairón, lairón, lairón, lairón.

Se pinta los colores, güi, güi, güi,
con vaselina, trico, trico, trico,
con vaselina, lairón, lairón,
lairón, lairón, lairón, lairón.

Y su madre le dice,
y su madre le dice,
y su madre le dice, güi, güi, güi,
quítate eso, trico, trico, trico,
quítate eso, lairón, lairón,
lairón, lairón, lairón, lairón.

Que va a venir tu novio, güi, güi, güi,
a darte un beso, trico, trico, trico,
a darte un beso, lairón, lairón,
lairón, lairón, lairón, lairón.

Mi novio ya ha venido,
mi novio ya ha venido,
mi novio ya ha venido, güi, güi, güi,
ya me lo ha dado, trico, trico, trico,
ya me lo ha dado, lairón, lairón,
lairón, lairón, lairón, lairón.

Cucú, cantaba la rana

Cucú, cantaba la rana,
cucú, cucú, debajo del agua,
cucú, abriendo la boca,
cucú, cucú, nadaba de espalda.

Cucú, pasaba una niña,
cucú, cucú, buscando la rana,
cucú, llevaba bufanda,
cucú, cucú, llevaba un paraguas.

Cucú, le dijo la rana,
cucú, cucú, estoy en el agua,
cucú, espera que salgo,
cucú, cucú, y canto contigo.

Cucú, levanta la cara,
cucú, cucú, y abriendo el paraguas,
cucú, te agachas al suelo,
cucú, cucú, y saltas conmigo.

Cucú, y mientras lo haces,
cucú, cucú, di cu muy despacio,
cucú, di cu otra vez,
cucú, cucú, ya sabes cantar.

El patio de mi casa

El patio de mi casa
es particular,
cuando llueve se moja
como los demás.

El patio de mi casa
es particular,
cuando llueve se moja
como los demás.

Agáchate
y vuélvete a agachar,
que los agachaditos
no saben bailar.

Levántate
y vuélvete a agachar,
que los agachaditos
ya saben bailar.

0, 0, 0, 1,
2, 3, 4, 5, 6.
Que si tú no me quieres,
otro niño me querrá.

1, 0, 1, 1,
7, 8, 9, 10.
Que si tú no te mueves,
otro niño bailará.

Chocolate, molinillo,
corre, corre,
que te pillo.
Achupé, achupé,
sentadita me quedé.

Agacha la cabeza,
levanta un pie,
sube la mano
y ponte al revés.
Sentadita me quedé,
sentadita me quedé,
sentadita me quedé,
me quedé y me quedé.

El señor Don Gato

Estaba el señor Don Gato
sentadito en su tejado,
marramamiau, miau, miau,
sentadito en su tejado.

Una carta le han escrito
por si quiere ser casado,
marramamiau, miau, miau,
por si quiere ser casado.

Con una gata morisca
hija de un gato rayado,
marramamiau, miau, miau,
hija de un gato rayado.

De contento que se ha puesto
se ha caído del tejado,
marramamiau, miau, miau,
se ha caído del tejado.

Se ha roto siete costillas
y del susto ni ha maullado,
marramamiau, miau, miau,
y del susto ni ha maullado.

Ya lo llevan a enterrar
por la calle del pescado,
marramamiau, miau, miau,
por la calle del pescado.

Al olor de las sardinas,
el gato ha resucitado,
marramamiau, miau, miau, miau, miau,
el gato ha resucitado.

Por eso dice la gente:
siete vidas tiene un gato,
marramamiau, miau, miau,
siete vidas tiene un gato.

¿Dónde están las llaves?

Yo tengo un castillo, matarile, rile, rile,
yo tengo un castillo, matarile, rile, ron.
¿Dónde están las llaves?, matarile, rile, rile,
¿dónde están las llaves?, matarile, rile, ron.
En el fondo del mar, matarile, rile, rile,
en el fondo del mar, matarile, rile, ron.
¿Quién viene a buscarlas?, matarile, rile, rile,
¿quién viene a buscarlas?, matarile, rile, ron.

Yo tengo un cohete, matarile, rile, rile,
yo tengo un cohete, matarile, rile, ron.
¿Dónde están las llaves?, matarile, rile, rile,
¿dónde están las llaves?, matarile, rile, ron.
¡Dímelo, dímelo!
En el fondo del mar, matarile, rile, rile,
en el fondo del mar, matarile, rile, ron.
¿Quién viene a buscarlas?, matarile, rile, rile,
¿quién viene a buscarlas?, matarile, rile, ron,
chimpón.

¡Yo, yo, yo!

Yo voy a buscarlas, matarile, rile, rile,
¿quién viene conmigo?, matarile, rile, ron.
Yo no sé nadar, matarile, rile, rile,
pero voy contigo, matarile, rile, ron.
Yo tengo un amigo, matarile, rile, rile,
que se llama Pez, matarile, rile, ron.
Él nada muy bien, matarile, rile, rile,
y traerá las llaves, matarile, rile, ron, chimpón.

Matarile, rile, rile, matarile, rile, ron.
Matarile, rile, rile, matarile, rile, ron.
Matarile, rile, rile, matarile, rile, ron.
Matarile, rile, rile, matarile, rile, ron, chimpón.

Un elefante

Un elefante se balanceaba
sobre la tela de una araña,
como veía que no se caía
fue a llamar a otro elefante.

Dos elefantes se balanceaban
sobre la tela de una araña,
como veían que no se caían
fueron a llamar a otro elefante.

Three elephants went out to play
upon a spider's web one day.
They had such enormous fun,
they called another one to come!

Cuatro elefantes se balanceaban
sobre la tela de una araña,
como veían que no se caían
fueron a llamar a otro elefante.

Llama a Lola, llama a Román,
la Mari, la Loli, Diana y Guzmán.
Llama a Elías, llama a Isabel,
Chacón y Carlitos, y a Paco también.

Que vengan con Víctor, que vengan con Eva,
Enrique y Estela, Virginia y Paz,
Marisa y Eduardo, Coque y José,
que suban con Dylan, también con Dayán.

Que busquen a Paz, al Súper y a Pedro,
Mati, David, Nuria y Germán.
Que llamen a Rut, Eliana y Martín,
Humberto y Nani, Vicky y Beril.

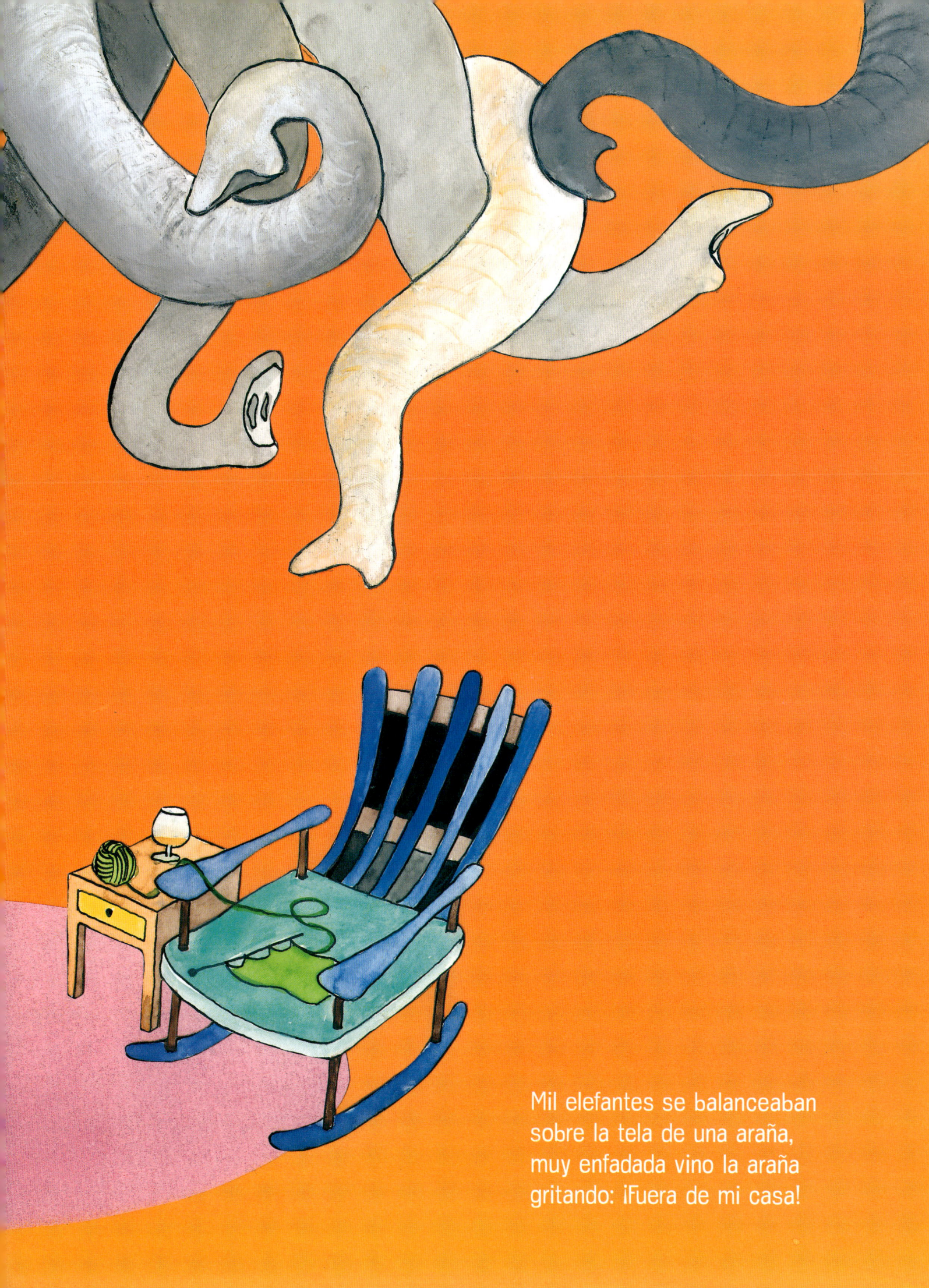

Mil elefantes se balanceaban
sobre la tela de una araña,
muy enfadada vino la araña
gritando: ¡Fuera de mi casa!

Que llueva, que llueva

Que llueva, que llueva,
la niña de la cueva.
Que llueva, que llueva,
la niña de la cueva.

Que llueva, que llueva,
la niña de la cueva,
los pajaritos cantan,
las nubes se levantan.

Que llueva, que llueva,
la niña de la cueva,
los pajaritos cantan,
las nubes se levantan.

¡Que sí!
¡Que no!
Que caiga un chaparrón,
con azúcar y turrón,
que rompa los cristales
de la estación.

¡Que sí!
¡Que no!
Que caiga un chaparrón,
con azúcar y turrón,
que rompa los cristales
de la estación.

Y los tuyos sí.
Y los míos no.
Y los tuyos sí.
Y los míos no.
Que rompa los cristales
de la estación.

Tengo una muñeca

Tengo una muñeca
vestida de azul,
con su camisita
y su canesú.

La saqué a paseo
se me constipó,
la tengo en la cama
con mucho dolor.

Esta mañanita
me dijo el doctor
que le dé jarabe
con un tenedor.

Dos y dos son cuatro,
cuatro y dos son seis,
seis y dos son ocho
y ocho, dieciséis.

Pin Pon

Pin Pon es un muñeco
con cuerpo de algodón.
Le lavo la carita
con agua y con jabón.

Le desenredo el pelo
con peine de marfil
y aunque le doy tirones
ni grita, ni hace ¡uy!

Pin Pon me da la mano
con ganas de jugar.
Bailamos dando vueltas,
se pone a alborotar.

Y cuando las estrellas
empiezan a salir,
Pin Pon se va a la cama,
se acuesta y a dormir.

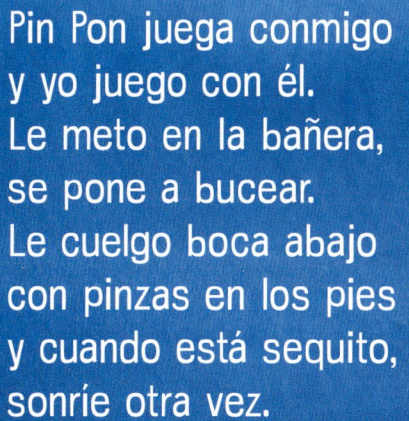

Pin Pon juega conmigo
y yo juego con él.
Le meto en la bañera,
se pone a bucear.
Le cuelgo boca abajo
con pinzas en los pies
y cuando está sequito,
sonríe otra vez.

Pin Pon es muy valiente,
le hago de rabiar,
le quito la cabeza,
le siento en un rincón
y cuando no me mira
le intento asustar,
le grito en el oído:
¡Pin Pon, Pin Pon, Pin Pon!

Si juega al escondite,
Pin Pon es el mejor.
Se mete en los armarios,
se encierra en un cajón,
se esconde en el frigo,
se cuela en un sillón,
se entierra en los tiestos,
también bajo el colchón.

Pin Pon está contento.
Pin Pon es juguetón.
Le tiro por los aires,
Pin Pon sabe volar,
Pin Pon llega hasta el techo,
Pin Pon vuelve a bajar,
rebota en el suelo
y vuelta a empezar.

Pin Pon, Pin Pon, Pin Pon,
gua, gua, gua, gua, gua, gua,
Pin Pon, Pin Pon, Pin Pon,
gua, gua, gua, gua, gua, gua,
Pin Pon, Pin Pon, Pin Pon,
gua, gua, gua, gua, gua, gua.
Pin Pon es mi muñeco.
Pin Pon es el mejor.

127

Colúmpiate

127 son Enrique Sierra y Pilar Román
Voz: Pilar Román
Música y producción: Enrique Sierra

Coros en "Un elefante": Lola, Pili, Loli, Diana, Paco, Carlos, Víctor, Eva, David, Nuria, Germán, Humberto, Nani, Vicky y Beril.

Arreglos musicales: Enrique Sierra
Adaptación de letras: Enrique Sierra y Pilar Román

Grabación, mezcla y masterización realizada por Enrique Sierra,
en La Música del Ruido y Estudios Diana, entre mayo de 2003 y marzo de 2004 (Madrid).

Primera edición Junio 2004

© Letra y Música: La Música del Ruido, S.L.
© Ilustraciones: Rut Massó
Diseño y maquetación: Eliana Casal Ribas
Impresión: Marco Gráfico S.L.

© de la edición
Ellago Ediciones S.L.
Calle Vera, 20 - 12001 Castellón
Tel. 964 227 051
ellagoediciones@ellagoediciones.com
www.ellagoediciones.com

Reservados todos los derechos.
Ninguna parte de esta publicación puede reproducirse, almacenarse o transmitirse
de ninguna forma, ni por ningún medio, sea éste eléctrico, químico, mecánico, óptico,
de grabación o de fotocopia sin la previa autorización escrita por parte de la editorial.

ISBN: 84-95881-47-0
Depósito legal: M-43039-2004

Printed in Spain